AF337704

27

No. 10725.

VIE ET MIRACLES

DU BIENHEUREUX

BENOIT - JOSEPH LABRE

D'APRÈS

DES DOCUMENTS AUTHENTIQUES

et le Bref de S. S. Pie IX.

PAR M. L'ABBÉ ***.

PARIS

LIBRAIRIE CATHOLIQUE DE P.-J. CAMUS

RUE CASSETTE, 20.

1860

LE BIENHEUREUX BENOIT-JOSEPH LABRE
d'après une ancienne ggravure.

LE BIENHEUREUX

BENOIT-JOSEPH LABRE

Il y a trente ans, me trouvant à Rome, je fus invité à assister à une cérémonie chez les *maestre Pie* [1]. Dans le parloir où nous fûmes introduits après l'office, je remarquai une espèce d'armoire ou de niche vitrée fermée avec le plus grand soin et où se trouvait une figure d'homme, de grandeur naturelle. La tête, les mains et les pieds nus étaient finement exécutés en cire; le vêtement était d'étoffe. C'était un visage exténué dont l'expression bien rendue était celle de la douceur et de l'humilité; l'habit, pour lequel il serait difficile de trouver un nom dans le vocabulaire des tailleurs, tenait de la redingote, de la robe de chambre et du froc religieux : le tissu, d'un gris-jaunâtre était grossier et dans un état de vétusté et de malpropreté remarquables; une corde ceignait les reins du personnage. Une des sœurs me vint dire que c'était la représentation d'un compatriote, et que les vêtements étaient de

[1] Ordre voué à l'éducation des jeunes filles.

précieuses reliques, car Labre les avait portés de son vivant, et Labre était un saint. J'avoue que, tout en remerciant poliment la sœur de sa communication, j'y restai assez insensible : je n'avais jamais jusqu'alors entendu prononcer ce nom, et l'épithète de saint dont on le décorait me semblait peu justifiée par le récit qu'on me fit d'une vie très-excentrique et dont le caprice et l'amour de l'indépendance me paraissaient avoir été les principaux mobiles. Cependant, quand je sus qu'à la mort de ce singulier personnage Rome entière s'était émue ; quand on m'eut cité des faits miraculeux et juridiquement constatés ; quand on m'affirma que la cause de béatification de Benoit-Joseph Labre, entamée, abandonnée, reprise, puis de nouveau suspendue, allait revenir à la sacrée Congrégation des Rites, je compris que ma première impression devait pécher par suite d'ignorance et de présomption, et je soumis mon jugement à un sérieux examen.

Voici les conclusions auxquelles je fus amené.

Ce n'est pas par ses résultats éclatants qu'il faut juger de la sainteté. Un saint Vincent de Paul avec ses admirables institutions de charité ; un saint Charles Borromée, dont le zèle épiscopal renouvelle la face d'un immense diocèse où l'hérésie avait jeté ses germes délétères ; un saint Thomas, dont le génie illumine l'Église ; un saint Ignace, qui la dote d'une milice dévouée ; les grands religieux dont l'influence civilise les peuples barbares ; les martyrs dont le sang devient une semence de chrétiens, frappent notre imagination, et nous admirons leurs œuvres fécondes. Mais ils ne sont pas saints parce qu'ils les ont accomplies ; au contraire, ils ne les ont faites que parce qu'ils étaient saints.

Où est donc le principe de la sainteté ?

Dans l'union de l'âme avec Dieu ; dans le parfait détachement du monde et de soi-même ; dans ce travail continuel qui détruit une à une les misères de l'homme déchu, et, d'un fils d'Adam fait un frère de Jésus-Christ. La sainteté, s'écrie Mgr l'évêque d'Arras, « la sainteté « est une victoire, victoire la plus légitime, la « plus nécessaire, la plus universelle, victoire « sur le monde et ses plus enivrants attraits, « victoire sur l'enfer et ses tentations téné-«·breuses, victoire sur la nature et ses inces-« santes sollicitations ; victoire non pas d'un « jour, mais de tous les jours de la vie et jus-« qu'au dernier soupir ; victoire non pas contre « un adversaire d'occasion qui sera demain « votre ami, mais contre des ennemis impla-« cables, contre les seuls vrais ennemis du « bien et contre tous à la fois ; contre ceux du « dehors ou ceux de l'intérieur, ·contre ceux « qui menacent et ceux qui caressent, contre « ceux qui enivrent et ceux qui découragent ; « enfin, victoire non pas incertaine et sujette « à des revers, mais définitive, absolue, éter-« nelle[1]. »

Or, les combats, par lesquels on arrive à cette victoire, peuvent trouver place dans l'existence la plus obscure, la plus ignorée du monde, la plus inutile en apparence. Je dis *en apparence*, car un homme ne peut pas devenir saint et rester inutile. Son action sur le monde pourra ne pas être sensible, historique, mais elle n'en sera pas moins réelle, et, du fond de l'abjection où le tient son humilité, il aura part à toutes les grandes choses qui s'opèrent dans les âmes.

[1] Mandement du 2 juin 1860, pour la translation des reliques du B. Benoît-Joseph Labre.

Mais pourquoi ces excessives rigueurs, pourquoi ces voyages que rien ne motive, pourquoi cet isolement, cet abandon de la famille, de la patrie, de la société humaine ? Pourquoi ? Parce que telle était la voie par laquelle Dieu le conduisait. Est-ce qu'il nous est donné de scruter les rapports entre l'âme et son créateur ? Nous est-il permis de juger ces opérations intimes d'après notre propre manière de voir ? Ce n'est pas là notre vocation, ne la suivons pas ; c'est bien, c'est juste, c'est sage, mais n'allons pas blâmer ce que nous ne saurions raisonnablement apprécier. La pauvreté, poussée jusqu'à l'oubli de toute prévoyance, de tout soin..... disons-le, jusqu'au mépris de la propreté la plus élémentaire, choque notre délicatesse. Mais n'est-ce pas précisément pour cela qu'une âme est choisie entre des millions d'autres pour protester, par ses excès dans la pénitence, contre l'excessif amour du bien-être qui nous domine ? Ses actes ne sont pas proposés à notre imitation, mais ils nous forcent à réfléchir et à nous rappeler que nous ne sommes pas ici-bas pour flatter notre chair au détriment de notre salut éternel.

Ces pensées me firent rougir du dégoût que j'avais éprouvé à la vue de l'image du vénérable Benoit-Joseph, et je me plus à recueillir les traditions nombreuses que le peuple conservait à Rome. Je ne me suis rencontré avec personne qui eût vu Labre ; mais beaucoup de ceux à qui j'ai parlé avaient vécu avec les contemporains du vénérable, et les souvenirs encore récents avaient conservé toute leur vivacité. Aussi avais-je, sur ce serviteur de Dieu, une opinion bien arrêtée, qui s'est changée en certitude absolue depuis que, dans son infailli-

ble autorité, le Pape a porté une décision solennelle.

J'aimerais pouvoir faire connaître au lecteur
les infinies précautions dont s'entoure le Souverain-Pontife avant de déclarer la sainteté
d'un des membres de l'Eglise; il verrait que
rien n'est omis de ce qu'exige la prudence la
plus scrupuleuse, et qu'aucun fait au monde
n'est aussi incontestablement attesté que ceux
sur lesquels se motive une béatification. Mais
les limites de cet opuscule ne me permettent
pas une telle discussion; je me bornerai à ra-
conter une anecdote.

Un anglais, distingué par son rang et son savoir, était, vers le milieu du dernier siècle, à
Rome, où, tout protestant qu'il était, il aimait
à cultiver la société des ecclésiastiques les plus
éminents. Un de ceux qu'il fréquentait le plus
était Mgr Lambertini, alors membre de la congrégation des Rites, et depuis Pape sous le nom
de Benoit XIV. La conversation roulait un jour
sur le culte des saints, et l'anglais accumulait
les objections en usage parmi les siens. Le pré-
lat, pour abréger un entretien trop long, lui
remit entre les mains un volumineux dossier
qu'il tira de l'un de ses cartons : « Voici, lui
dit-il, un procès de béatification, lisez-le avec
attention et bonne foi, et venez me dire ce que
vous en pensez. » A quelque temps de là, le
protestant revient et dit : « Il faut l'avouer, si
la sainteté de tous ceux que votre Eglise place
sur les autels est aussi solidement prouvée, je
ne vois pas ce qu'on y pourrait opposer. » —
« Eh bien, milord, cette sainteté, qui vous
semble si victorieusement établie, notre Eglise
ne l'admet pas; elle lui semble douteuse, et la
cause est abandonnée. »

Ne perdons pas de vue ces réflexions préli-

minaires ; elles répondent à plusieurs difficultés que peut faire naître dans l'esprit le récit
que nous allons faire.

Amettes est un petit village du département
du Pas-de-Calais, autrefois province d'Artois ;
il dépendait du diocèse de Boulogne, compris
maintenant dans celui d'Arras. Là vivait, vers
le milieu du siècle dernier, un petit propriétaire à qui la culture de son bien assurait une
modeste aisance : c'était Jean-Baptiste Labre,
dont la famille se faisait remarquer par sa
piété héréditaire. Marié en juin 1747 à Anne-
Barbe Grandsire, il en eut, le 26 mars 1748,
Benoit-Joseph dont nous écrivons l'histoire.
Quatorze autres enfants vinrent successivement
bénir cette union. M. Labre, frère de Jean-
Baptiste, était alors vicaire d'Amettes ; il tint
le nouveau-né sur les fonts de baptême.

Dès sa première enfance, Benoit montra
d'étonnantes dispositions à la piété dont il recevait dans la maison paternelle et les leçons
et l'exemple. Docile envers ses parents, aimable et gai avec ses camarades, il se faisait aimer de tous, en même temps que la solidité
déjà sensible de son caractère imprimait un
certain respect à ceux qui vivaient avec lui. Il
apprit de bonne heure à lire et, dans les deux
écoles qu'il fréquenta successivement à Amettes d'abord, puis à Nédon, il servit de modèle
à ses jeunes condisciples. Très-appliqué à l'étude, il était surtout assidu aux pratiques de la
piété ; choisi pour servir à l'autel, il ne connaissait pas d'instants plus heureux que ceux qu'il
passait en présence de son Dieu sacrifié pour
lui, et son recueillement pendant la messe faisait l'admiration des fidèles. Il passa ainsi les
années de son enfance, faisant toujours de nou-

veaux progrès dans l'amour de Dieu, et préludant, par l'exercice continuel des vertus chrétiennes, à la vie extraordinaire qu'il devait mener un jour.

Quand il fut entré dans sa treizième année, M. l'abbé Labre, devenu alors curé d'Erin, et qui avait vu avec joie se développer les rares dispositions de son filleul, proposa à son frère de le prendre dans son presbytère pour lui enseigner le latin et le préparer à l'état ecclésiastique, si sa vocation l'y portait, comme tout semblait l'annoncer. Après quelques difficultés, Jean-Baptiste Labre consentit à cet arrangement, et Benoit accompagna son oncle. Il n'avait pas encore fait sa première communion; le premier soin du curé d'Erin fut de l'y préparer, et il n'eut pas de peine à disposer à cet acte important de la vie un enfant dont l'âme innocente était déjà pénétrée de l'amour de Dieu et d'une haine profonde pour tout ce qui était mal. Il reçut le même jour, 4 septembre 1761, la confirmation des mains de Mgr de Pressy, évêque de Boulogne.

La présence de Jésus-Christ et l'effusion des dons du Saint-Esprit donnèrent un actif développement aux sentiments de solide piété qui animaient déjà le jeune Benoit-Joseph. Sa régularité devint plus grande encore, son application à l'étude plus parfaite; il combattit avec plus d'intelligence et de suite les germes de passions qu'un examen sérieux lui faisait découvrir dans son âme, et surtout il s'exerçait à une pratique continuelle de l'humilité. Loin de se prévaloir de ses progrès remarquables, il aimait à se considérer comme le dernier de la maison et témoignait aux serviteurs de son oncle une déférence qui parfois les étonnait et les embarrassait. Ses rapports avec les jeunes gens de son âge étaient empreints d'une charité céleste, mêlée d'une certaine réserve ; car tout en partageant franchement leur gaieté et leurs jeux, il ne s'y livrait jamais avec transport, et comme s'il n'eût joué que pour remplir un devoir, il saisissait toutes les occasions de s'en retirer pour se livrer à la lecture de quelque bon livre. Cet amour naissant pour la retraite s'accrut bientôt au point d'inquiéter le bon curé d'Érin. Il remarqua en même temps chez son neveu une certaine mollesse à l'étude du latin qui contrastait avec le zèle qu'il avait montré jusqu'alors ; c'étaient des symptômes alarmants : cependant Benoit, qui avait atteint alors l'âge de dix-sept ans, était plus assidu que jamais aux exercices de piété. Il passait de longues heures à l'église, se livrait aux œuvres de la charité que sa position lui permettait, était toujours modeste, recueilli ; évidemment son changement ne venait pas du relâchement si commun aux années dangereuses de la jeunesse, d'où pouvait-il donc provenir ? M. Labre devait le savoir, puisque l'enfant lui était confié ; il le pressa donc de questions mêlées de quelques reproches, et enfin l'enfant lui avoua qu'il négligeait ses études comme peu nécessaires au genre de vie qu'il voulait adopter, il était décidé à s'enfermer à la Trappe.

C'était une résolution trop extrême chez un jeune homme de cet âge pour que son oncle y donnât son consentement, il le combattit par toutes les raisons que lui suggéra sa sagesse et son expérience, et, le trouvant inébranlable, il lui dit que Dieu ne lui permettait pas de prendre ce parti sans l'aveu de ses parents. Le docile jeune homme se rendit à Amettes, et, n'ayant pu obtenir la permission qu'il y était aller chercher, il revint à Erin, ou pendant plus de deux ans, il se soumit à tout ce que son oncle exigeait de lui, sans pouvoir vaincre l'attrait qui le portait à la solitude. Pendant ce laps de temps, il s'occupa surtout à lire et à méditer les saintes écritures qu'il finit par connaître parfaitement. En même temps, il devenait de plus en plus tendre et compatissant pour les pauvres : à l'aumône qu'ils ne manquaient jamais de recevoir au presbytère, il ajoutait souvent la part de nourriture qui lui était destinée ; c'était pour lui une occasion de pratiquer la mortification, vertu dans laquelle dès lors il marchait à grands pas.

Vers le mois d'août 1766, une cruelle épidémie se déclara dans la paroisse d'Érin. Le pieux et zélé pasteur n'hésita pas à donner sa vie pour son troupeau. Non-seulement il affronta le danger en portant les secours spirituels aux malades, mais encore, comme beaucoup d'entre eux étaient pauvres et abandonnés, il leur prodigua les soins les plus charitables. Son neveu qui l'accompagnait, imita son exemple, se fit le serviteur des plus misérables, et, choisissant toujours les œuvres les plus pénibles et les plus basses aux yeux du monde, se plut, après avoir rempli les devoirs d'une tendre charité auprès des malades, à nettoyer les écuries et à soigner les bestiaux dont il allait ramasser la nourriture dans la campagne. Dieu récompensa le dévouement du bon prêtre en l'appelant à lui. Bientôt, atteint du mal qu'il bravait tous les jours, M. Labre vit approcher sa fin avec paix ; son neveu lui prodigua les soins les plus tendres et ne quitta son chevet que pour courir auprès des paroissiens malades, pour qui le curé, couché sur son lit de mort, exprimait une vive sollicitude ; enfin, le 13 septembre, ce digne curé rendit son âme à Dieu.

Benoit resta encore au presbytère pendant environ six semaines qu'il consacra au soulagement des malades, avec un zèle et un oubli de lui-même qui firent regretter aux paroissiens qu'il ne fût pas prêtre afin de remplacer son oncle.

Telles n'étaient pas les pensées de Benoit ; il conservait toujours aussi vif le désir d'entrer à la Trappe, mais, à son retour à Amettes, il n'en témoigna rien à ses parents, pour ne pas ajouter à la douleur que leur causait la mort du curé d'Erin, et même il consentit sans difficulté à se rendre à Conteville, chez un autre de ses oncles qui y était vicaire, et à continuer ses études.

Il fut là ce qu'il avait été à Érin, docile, laborieux, charitable, pieux surtout, et fuyant jusqu'à l'apparence du mal. Il se rendait quelque fois à Saint-Pol, dont Conteville n'est qu'à une assez courte distance ; c'était quand quelque solennité pouvait donner un nouvel aliment à sa piété. Une fois, c'était au temps du carnaval, il y alla avec la servante de son oncle ; suivant sa coutume il entra à l'église, laissant cette fille faire ses commissions et la priant de le venir prendre avant de partir. Il passa ainsi une partie de la journée sans songer à prendre aucune nourriture : vers le soir, quand ils reprirent le chemin de St-Pol, ils rencontrèrent une troupe de masques dont la vue fit éprouver une peine profonde à Benoit, qui, pendant de si longues heures, venait de jouir de la présence de son Dieu.

Au bout d'environ six mois, il fit pour entrer à la chartreuse de Longuenesse une tentative qui ne réussit pas : sur ces entrefaites un de ses oncles maternels, doyen du chapitre de Notre-Dame-de-Walincourt, vint à Amettes pour visiter sa famille. On ne manqua pas de lui parler des projets de Benoit, et ce prêtre expérimenté, après avoir examiné le jeune homme et conféré avec son frère le vicaire de Conteville, décida qu'il fallait lui laisser suivre son goût pour la solitude, et se chargea de le présenter à la chartreuse de Montreuil. La demande fut accueillie, et, après un délai qu'exigèrent les religieux pour que le postulant pût acquérir quelques connaissances qui lui manquaient, Benoit fut admis vers la fête de Saint Bruno, en octobre 1767, mais ce ne fut pas pour longtemps. Quelque austère qu'elle soit, la vie des Chartreux n'atteignait pas cet idéal encore indistinct et mal défini de mortification et de souffrance que poursuivait le jeune Labre; il retourna dans sa famille qu'il quitta bientôt pour aller se présenter à la Trappe où il arriva, le 25 novembre, après un fatigant voyage fait à pied dans une saison très-mauvaise. Là on lui déclara qu'il était trop jeune pour être admis, et, malgré ses instances, il lui fallut revenir à Amettes.

Ses parents espérèrent d'abord que ces deux essais malheureux donneraient un autre cours à ses idées, et qu'il se déciderait à entrer dans l'état ecclésiastique où semblait l'appeler sa piété peu commune, mais leur espoir fut déçu. Sans jamais dépasser les bornes du respect, Benoît résista à toutes leurs instances, répondit à toutes leurs objections, et resta sans hésiter un instant fixé dans son projet de quitter le monde. Pour obéir à son père, il se livra aux travaux de l'agriculture, mais sans goût et sans aptitude. Enfin, fatigué des luttes qu'il avait à soutenir contre les autres et contre lui-même, tourmenté par un désir de vie autre que la vie commune, et craignant, soit en suivant son at-

trait soit en le comprimant, de désobéir à la
voix de Dieu, il alla consulter Mgr de Pressy
qui lui donna le conseil de ne point désobéir
à ses parents en allant à la Trappe, mais de
retourner à la Chartreuse. Le supérieur du
séminaire, auquel il alla se confesser, fut du
même avis que l'évêque, et lui donna une lettre pour le prieur de Montreuil, où il se rendit le 12 août 1769 après avoir obtenu le consentement de ses parents.

Mais cette tentative ne réussit pas mieux
que la première, et le 2 octobre il écrivait à
son père et à sa mère que « les Chartreux ne le
jugeant pas propre à leur état, il allait se diri-
ger vers la Trappe. » Il le fit en effet, mais sans
succès; son âge fut encore une difficulté contre
laquelle échouèrent ses prières, ses larmes,
ses supplications. Il se rendit alors à l'abbaye
de Sept-Fonts où il fut admis au noviciat, le
11 novembre 1769, sous le nom de frère Urbain.
Tant de persévérance à lutter contre tout ce
qui s'opposait à son entrée dans une maison
religieuse pourrait nous faire croire, comme
il le crut lui-même, qu'enfin il allait trouver à
Sept-Fonts le repos après lequel son âme aspi-
rait. Il n'en fut rien cependant. Après avoir
joui pendant quelques temps « d'une bonne
santé et d'un grand contentement » ainsi que
l'abbé de Sept-Fonts l'écrivit à son oncle, il
tomba grièvement malade, resta longtemps à
l'infirmerie et sortit de l'Abbaye, le 2 juil-
let 1770, avant même d'être entièrement guéri.
Il emportait un certificat où sa santé est indi-
quée comme le seul motif de son départ.

Que s'était-il passé dans son âme? On pourrait se demander s'il avait entendu cette voix
intérieure à laquelle il est impossible de ne
pas obéir et qui fixe d'une manière surnatu-

relle toutes les incertitudes; ou bien si, las de ses tentatives infructueuses, il allait au souffle de la volonté de Dieu marcher devant lui sans s'inquiéter du terme où il aboutirait. Il répond lui-même à cette question : Arrêté par la fièvre, il était resté trois semaines dans un hôpital, puis se remettant en route il s'arrêta à Quiers, en Piémont, d'où il écrivit pour la dernière fois à ses parents le 30 août 1770. Dans cette lettre, il ne motive en aucune façon sa sortie de Sept-Fonts et annonce l'intention de se rendre dans un monastère du même ordre en Italie. Ce n'est donc pas de propos délibéré et par un choix réfléchi qu'il a adopté le genre de vie étrange que nous lui verrons mener ; il cherchait un lieu qui put répondre aux secrets besoins de son âme, et ce fut que plus tard, quand l'expérience des voies de Dieu l'eut éclairé d'avantage, qu'il cessa de chercher et devint ce que nous le verrons à Rome.

Suivons-le dans ses courses multipliées et d'abord voyons qu'elle manière de voyager il avait adoptée. Sans argent, sans provisions, il s'abandonnait à la Providence qui nourrit les petits oiseaux ; jamais il ne demandait rien, il attendait qu'on lui donnât, et, quand ce qu'il avait reçu était plus que suffisant pour ses besoins, il distribuait le surplus aux pauvres qu'il rencontrait. Quand la nuit le surprenait, il s'arrêtait ; si on lui offrait l'hospitalité dans une écurie, dans une étable, il l'acceptait avec une humble reconnaissance ; s'il n'était invité nulle part, tout lui était bon, la terre nue, le bord d'un fossé, le pavé d'une rue, les marches d'une église. Toujours seul, afin de pouvoir se livrer à la contemplation des choses célestes, il n'échangeait que de rares et modestes paroles avec ses bienfaiteurs momentanés ou avec les personnes a qui il ne pouvait éviter de parler. Il n'accordait ni une pensée, ni un regard aux curiosités de la nature ou de l'art qu'il rencontrait dans sa course, il ne voyait qu'un objet : Dieu, Dieu partout. En visitant les églises, ce qu'il faisait avec bonheur, il ne contemplait ni les marbres, ni les tableaux, ni l'architecture ; c'était Dieu présent dans l'Eucharistie qu'il était venu chercher, et, caché dans quelque coin obscur, il restait des heures entières à genoux, absorbé dans la méditation, et insensible à tout ce qui se passait autour de lui. Si son extérieur étrange lui attirait le mépris, l'injure ou les mauvais traitements, si on s'amusait de lui comme d'un fou, il ne répondait rien, ne se défendait pas et s'estimait heureux de subir les conséquences de la folie de la croix ; que si, au contraire, sa modestie, sa piété étaient remarquées et lui attiraient quelques égards, son humilité s'effarouchait et il fuyait pour ne plus revenir dans un lieu où on le comptait pour quelque chose. C'est ce qui lui arriva, entre autres fois, à Monte Lupone, bourg situé entre Macerata et Lorette. M. l'abbé Mancini, que nous retrouverons bientôt dans cette histoire, l'avait chargé de porter en passant une lettre à une religieuse d'un monastère des Clarisses établi dans ce lieu, et il avait écrit : « Je vous envoie un saint qui passe sa vie en prières. » La religieuse avait fait part de cet avis à ses compagnes qui, se réunissant, avaient traité avec honneur le pauvre pèlerin, et s'étaient recommandées à ses prières. Désolé de cet accueil, il s'enfuit et ne revint pas. De retour à Rome, il dit à M. Mancini : « J'ai remis votre lettre à la religieuse ; mais je me suis bien gardé de la revoir pour vous apporter la réponse. — Pourquoi donc ? —

Parceque les religieuses s'imaginent que je suis quelque chose de bon, ce que je ne suis pas, et j'ai résolu de ne plus les revoir. »

Après avoir écrit à ses parents, comme nous l'avons dit plus haut, il se mit en marche pour Lorette : sa tendre dévotion pour la sainte Vierge lui fit choisir, pour premier but de son pèlerinage, ce lieu béni où il revint jusqu'à onze fois, toujours attiré par un charme nouveau dans cette chapelle où il fut comblé des grâces les plus douces. Son voyage de Quiers à Lorette dura plus de deux mois ; quoiqu'il allât toujours à pieds, il n'eût pas été si longtemps en route, s'il ne se fût arrêté fréquemment dans les sanctuaires qu'il rencontrait, entendant toutes les messes et passant des demi-journées en oraison.

De Lorette nous le voyons aller à Assise : la vallée de l'Ombrie, toute pleine encore des souvenirs de saint François, et les environs de la ville, où des églises multipliées consacrent les lieux fréquentés par le patriarche séraphique, lui offrirent presque à chaque pas de délicieux motifs de joies spirituelles. Celui qui appelait la pauvreté « sa dame, » qui a fondé un ordre de pauvres, qui a porté l'humilité jusqu'à l'oubli le plus absolu de soi-même, devait être un saint de prédilection pour Labre, qui, dans une mesure différente, obéissait au même esprit. Il se mit, pour ainsi dire, sous sa bannière en recevant les sacrements de Pénitence et d'Eucharistie auprès de son tombeau, et en se faisant revêtir du cordon, symbole de la confrérie érigée à Assise en son honneur.

Il retourna alors ses pas vers Rome, où il arriva au commencement de décembre, et fut reçu en qualité de pauvre pèlerin français à l'hôpital Saint-Louis. Il y passa six mois visitant toutes les églises, assistant à toutes les cérémonies, vénérant toutes les saintes reliques, et ne s'occupant que de prier Dieu et de mortifier sa chair.

Au mois de juin 1771, il se rendit à Fabriano, où est déposé le corps de saint Romuald, fondateur des ermites Camaldules [1]. Il n'y passa que quinze jours, et ce court espace de temps suffit pour le faire appeler « le saint » par le peuple. Nous croyons devoir citer ici quelques passages d'un témoignage rendu par le curé de Fabriano, qu'il avait pris pour directeur.

« .... Les grâces extraordinaires qu'il recevait d'en haut et qui retournaient à sa gloire...., il les appelait par humilité, des songes, des rêveries.... Je remarquai en lui une grande dévotion à l'adorable humanité de Notre-Seigneur et à sa sainte Mère, une grande compassion pour les âmes du purgatoire, un grand mépris de lui-même...., un grand amour du prochain. Il priait avec ferveur pour tout le monde et donnait aux pauvres la plus grande partie des aumônes qu'il recevait, ne se réservant que ce qu'il lui fallait pour sa misérable nourriture de la journée, sans penser au lendemain. Telle était la vie qu'il menait à Fabriano, et il ne vécut pas autrement depuis l'époque où il connut la voie par laquelle le Seigneur voulait le conduire à la sainteté.... Il était vêtu en vrai pauvre : son habit était de couleur cendrée, et il portait par-dessus un manteau fort court, un chapelet suspendu au cou, ceint d'une mauvaise corde, une tasse de bois d'un côté, et un petit paquet de l'autre.... Il entendit jusqu'à

---

[1] Ils tirent ce nom d'une solitude située au milieu d'âpres montagnes, en Toscane, qui s'appelle *Camaldoli*, et où est leur principale résidence.

midi toutes les messes avec la plus grande dévotion, toujours immobile et les mains jointes, à la grande édification des assistants, qui admiraient la modestie et la piété de ce bon pauvre, et qui, au sortir de l'église, disaient tous que c'était un Saint ; le sacristain m'a assuré qu'il ne bougea point de l'église.... L'aprèsdîner, y étant retourné pour y faire mes fonctions, je le trouvai dans la situation où je l'avais vu le matin, les mains jointes et les yeux fixés sur la statue de saint Jacques.

« A la nuit, le sacristain, voulant fermer l'église, en fit sortir tout le monde ; mais le serviteur de Dieu resta seul, et le pria de lui permettre de passer la nuit dans l'église et de l'y enfermer. Le sacristain m'en avertit, et je ne voulus point y consentir par compassion, attendu que Benoit n'avait pris aucune nourriture dans toute la journée qu'il avait passée dans l'église. Je m'approchai de lui, et, pour le consoler, je lui dis que, hors même de l'église, il serait censé ne l'avoir point quittée, attendu que l'hospice destiné à recevoir les pèlerins était attenante ; qu'il y avait un lit pour se coucher, s'il le voulait ; qu'il prendrait quelque nourriture, et que les ordres seraient donnés pour qu'on le reçût.

« Il me témoigna beaucoup de reconnaissance, et accepta volontiers le logement ; il donna quelques liards au sacristain pour lui acheter quelque nourriture, et lui procurer un peu d'huile qui servit à l'éclairer. Il passa quinze nuits dans l'hôpital, mais sans jamais se mettre au lit, et sans vouloir consentir à recevoir ni nourriture, ni boisson ; il rendit tout-à-fait inutiles les ordres que j'avais donnés relativement à cet objet. Il disait au sacristain, qui était en même temps gardien de l'hospice, que les pauvres devaient recevoir en aumônes la nourriture nécessaire pour soutenir leur misérable vie, et qu'il était parfaitement content de la charité qu'on avait de lui donner le couvert. »

Cette longue citation empruntée à un témoin oculaire nous dispensera de revenir sur la manière dont Benoît se comportait pendant ses voyages ; partout c'était la même piété, le même amour de l'abjection et de la mortification.

Dès qu'il s'aperçut de l'impression favorable qu'il avait produite à Fabriano, il s'empressa de quitter la ville et n'y revint plus.

A partir de ce moment, il passa six années à visiter les plus fameux sanctuaires. Retourné d'abord à Rome, il en part pour Lorette qui fût toujours son pèlerinage de prédilection et où, dans cet intervalle, nous le retrouvons deux fois ; il va dans le royaume de Naples, où il reste environ un an et où l'on retrouve ses traces à Bari, où sont les reliques de saint Nicolas, au Monte-Gargano, à Naples où les monuments pieux abondent ; il remonte ensuite l'Italie, va à la montagne de l'Alvernia où saint François reçut les stygmates, passe probablement par Camaldoli, Vallombrosa, Monte-Corona et Assise, revient à Rome en 1774, part pour la Suisse où il visite à deux reprises le sanctuaire de Notre-Dame des Ermites à Einsiedlen, passe en Allemagne, et revient en 1777 à Rome où il demeura habituellement jusqu'à sa mort.

Il y avait choisi pour lieu de refuge, un enfoncement pratiqué dans des décombres aux abords du Colysée. C'est là qu'il se retirait après avoir passé le jour en prières, debout ou à genoux, toujours immobile dans les églises. Sa santé ne put résister longtemps au genre de vie qu'il avait adopté. Exposé la nuit aux intempéries de la saison, se nourrissant le plus souvent des débris qu'il ramassait dans les tas d'immondices, il contracta une maladie grave; une enflure qui survint gagna la moitié de son corps; il eût succombé sans la charité d'un pauvre nommé Théodose qui le conduisit à l'abbé Mancini, administrateur d'un petit hôpital fondé pour douze pauvres. Quand il fut guéri, le charitable ecclésiastique ne pouvant pas l'admettre au nombre de ses administrés, lui permit de passer la nuit dans la maison. Voici d'après la déposition de M. Mancini, comment il s'y comporta : « Il se retirait pour l'ordinaire avant six heures du soir; en attendant l'ouverture de la porte, au lieu de se joindre à la conversation des autres pauvres, il allait se mettre à genoux derrière une petite colonne de la façade d'un hôtel voisin, et y restait à prier dévotement. Après être entré, il s'arrêtait à la première salle où il avait son lit et continuait à prier, tandis que les autres pauvres, dans une autre beaucoup plus grande, s'amusaient et discouraient jusqu'à ce que tout le monde fut entré. Dès que le gardien donnait le signal pour la prière du soir qui se faisait en commun, et qui durait une demi-heure, il s'y rendait promptement et, à la grande édification des autres, répondait avec beaucoup de modestie, de recueillement et de ferveur. La prière finie, il allait à son lit et continuait à prier; la lumière éteinte, il poursuivait son oraison bien longtemps.

S'il s'éveillait la nuit, il se mettait d'abord à prier; on l'entendait souvent faire chaque nuit des oraisons jaculatoires et des actes de contrition. Dans une vive douleur de ses péchés, il implorait la divine miséricorde, en s'écriant : *Ayez pitié de moi, Seigneur, ayez pitié de moi.....*

Le matin, au signal donné par le gardien, il sortait du lit et se mettait à prier Dieu en s'habillant ; ensuite il assistait avec les autres pauvres à la prière du matin, qui durait un quart-d'heure, après quoi il sortait de l'hospice, et, toujours en priant, s'en allait dans quelque église, où il continuait à genoux ses oraisons au pied des autels. Il y demeurait dans cette posture ordinairement jusqu'à midi ; et alors il allait recevoir la soupe à la porte de quelque maison religieuse ; de là il se rendait dans l'église où le Saint-Sacrement était exposé pour les prières des quarante heures, et n'en sortait que la nuit.

Toutes les fois qu'il venait prendre la soupe et un morceau de pain à la maison de charité de Saint-Pantaléon-aux-Monts, il prenait, avant que de manger, son écuelle à deux mains, la tenait ensuite élevée pour offrir à Dieu sa nourriture, et priait l'espace de cinq à six minutes, comme s'il eût été ravi en extase. Il récitait tous les jours le bréviaire et d'autres offices particuliers ; il faisait des lectures de piété, et y ajoutait beaucoup de prières vocales et jaculatoires ; ce qui l'occupait le plus fortement, c'était la méditation de la passion de notre divin Sauveur.

L'église où il se rendait de préférence était celle de la Madone-dei-Monti. Il y restait quelquefois jusqu'à huit heures à genoux et plongé dans la méditation. Son amour pour l'oraison solitaire ne le détournait pas des offices publics ; il les suivait, au contraire, avec une grande dévotion, et était, en particulier, si assidu à se rendre chaque jour à l'église où était exposé le Saint-Sacrement, qu'on avait fini à Rome par l'appeler *le pauvre des quarante heures*. Il affectionnait aussi la visite de la

Scala Santa. Ce sont les marches de l'escalier que monta Notre-Seigneur pour entrer chez Pilate. Transportées à Rome par ordre de sainte Hélène, elles ont été placées par Sixte V dans le lieu où on les voit à présent, et qui n'est autre qu'un reste de l'ancien palais de Latran, détruit par un incendie. On les monte à genoux. Cette dévotion est si répandue que le marbre est usé. Pour le conserver, Clément XII le fit recouvrir de madriers, qu'on a depuis été obligé de renouveler plusieurs fois. Labre passait une heure à cet exercice pieux, et restait ensuite un temps considérable à prier dans la chapelle qui se trouve au haut des degrés et qu'on appelle *Sancta-Sanctorum.* Il vénérait encore chaque jour les précieuses reliques de la passion que Rome possède. En un mot, on peut dire que sa vie était une prière et une pénitence continuelles.

Une existence si extraordinaire ne pouvait manquer d'être remarquée et de devenir l'objet de jugements divers. Ceux, en petit nombre, qui connaissaient, au moins par ouï-dire, la vertu solide de Benoît, lui témoignaient une grande estime qui le comblait de confusion et le pénétrait de douleur. Plusieurs, effrayés de son dénûment absolu, lui offrirent des secours comme aumônes régulières, pensions même, qu'il refusa en disant qu'il n'avait besoin de rien. D'autres, s'arrêtant à son extérieur, le regardaient comme un fou, ou se détournaient de lui avec dégoût; il en fut qui, plusieurs fois, allèrent jusqu'à le frapper ou lui jeter des pierres. Jamais sa patience ne se démentit, et un jour qu'on voulait prendre sa défense et châtier les jeunes gens qui l'avaient blessé, il pria qu'on n'en fît rien, affirmant qu'il méritait bien davantage.

Pendant que dura son séjour à Rome, il fit chaque année le pèlerinage de Lorette. Les premières fois qu'il y avait été, il avait passé inaperçu dans la foule des pèlerins qui affluaient dans le sanctuaire; mais bientôt sa piété extraordinaire le fit remarquer et lui attira la vénération de toute la ville. Le sacristain de la basilique l'ayant observé de près, et le voyant ne jamais demander comme les autres pauvres, et même refuser ce qu'on lui donnait, s'était dit : « C'est un fou ou un saint. » Il ne fut pas longtemps sans reconnaître que ce n'était pas un fou; car, touché des témoignages d'intérêt que lui témoignait cet ecclésiastique, Benoît lui fit une prédiction qui se réalisa. Valeri, c'est le nom de ce sacristain, avait empêché le pauvre Labre de passer la nuit sur le pavé du portique et l'avait conduit chez des fermiers qui lui permirent de loger dans leur four. Tel fut son domicile à Lorette jusqu'en 1780, où Valeri, aidé d'un autre employé de l'église, l'abbé Verdelli, lui procura un logement chez les époux Sori, qui accueillirent bien volontiers le pauvre de Jésus-Christ, et firent ce qu'ils purent pour lui. Mais il n'était pas facile de lui faire accepter quelque adoucissement. Lui offrait-on de bonne soupe pour remplacer les feuilles de salade, de choux, ou d'autres rebuts de même nature qui faisaient sa nourriture ordinaire, il la refusait en disant : « Ce ne sont pas là des mets destinés aux pauvres; je suis pauvre, moi, je n'en mange pas. » Si on lui présentait un pain entier, il n'y touchait pas : « Ce pain n'est pas pour des pauvres, ils ne mangent que des restes. » La charité de ses hôtes leur faisait souvent rompre en morceaux un pain, qu'ils laissaient un peu durcir afin que Benoît, trompé par l'apparence, crût que c'étaient des restes et les mangeât sans répugnance. Nous venons de dire que Dieu avait accordé à son serviteur le don de prophétie. On en eut une nouvelle preuve quand il quitta Lorette en 1782. L'abbé Verdelli, lui disant adieu, ajoutait : « A nous revoir une autre année. — Je ne le crois pas. — Comment, vous ne reviendrez pas une autre année, et c'est la dernière fois que nous nous voyons? — Nous nous reverrons, s'il plaît à Dieu, mais en Paradis. » Nous verrons tout à l'heure que Benoît avait dit vrai.

Il lui fut aussi donné de lire dans la pensée des autres, ainsi que le témoigna M. Marconi son confesseur, à qui deux fois il dit ce qu'il pensait de lui.

D'autres grâces lui furent aussi accordées. Son oraison était devenue si sublime, son union à Dieu si intime, que souvent il était ravi en extase. Les pauvres avec qui il demeurait était habitués à ce spectacle, et dans les églises, malgré les efforts qu'il faisait pour se dérober à cette faveur céleste, on le vit plusieurs fois hors de lui-même, et comme privé de sentiments pendant sa prière.

Enfin le moment vint où Dieu voulut récompenser cette vie d'amour et de renoncement.

Le mercredi saint 16 avril 1783, après une longue prière à la madone dei Monti, il tomba évanoui sur les marches de l'église. On le relève, et, revenant à lui, il demande un verre d'eau qu'il ne boit qu'après l'avoir dévotement offert à Dieu. Un boucher nommé Zacarelli, dont il était aimé, le fit transporter dans sa maison où, malgré les soins qu'on lui donna, son état ne fit qu'empirer. Un vénérable religieux étant accouru lui demander s'il y avait longtemps qu'il avait reçu les sacrements, il répondit qu'il avait eu ce bonheur depuis peu. Le religieux, lui demandant s'il avait quelque chose sur la conscience qui lui fit de la peine, il dit: « Non, je suis fort tranquille. » Ce furent ses dernières paroles, et on ne put lui administrer le saint viatique. Bientôt il perdit connaissance, et on lui donna l'extrême onction. Les assistants se mirent ensuite à genoux pour réciter les litanies, et à ces paroles : *Sancta Maria, ora pro eo*, il expira sans aucun symptôme d'agonie.

La nouvelle de cette mort se répandit dans Rome avec une étonnante rapidité; on criait dans toutes les rues : *le Saint est mort, le Saint est mort*; et ce pauvre, auquel on accordait tout à l'heure si peu d'attention, devint l'objet de la vénération publique.

Le concours de ceux qui voulaient visiter le corps fut si considérable qu'on fut obligé d'envoyer des gardes : la rue était encombrée par les voitures des seigneurs qui ne pouvaient fendre la foule du peuple, et cet enthousiasme dura jusqu'au jour de Pâques où on procéda à l'inhumation. Le corps fut placé près du grand autel de l'église de la *Madonna-dei-Monti*, et dans le cercueil on déposa une boîte de plomb renfermant un abrégé de la vie de Benoît Joseph Labre.

Dieu fit éclater la gloire de son serviteur en accordant de nombreuses grâces à son intercession : plus de deux cents miracles furent constatés juridiquement, et les procès-verbaux envoyés à la Congrégation des rites. Il faudrait un volume pour n'en citer que les principaux. Nous en choisissons quelques-uns parmi ceux qui se sont opérés en France. Qu'on n'oublie pas qu'ils ont été constatés dans les formes juridiques les plus sévères.

Une religieuse du couvent du Saint-Sacrement de Boulène, diocèse de Saint-Paul-Trois-Châteaux, était, depuis trois ans et demi, clouée sur son lit par une maladie déclarée incurable. Elle semblait réduite à la dernière extrémité, quand le bruit des merveilles opérées par l'intercession de Benoît Labre engagea la communauté à faire une neuvaine. C'était en juin 1783, peu après la mort du serviteur de Dieu. Au dernier jour de la neuvaine, la religieuse renouvela sa ferveur et pria devant une image venue de Rome. Pendant les vêpres, elle se sentit tout à coup guérie, s'habilla, descendit à l'église et suivit depuis les exercices de la communauté.

Au mois de septembre de la même année, la supérieure de la Providence de Chartres se mourait de la poitrine : depuis un an elle n'était pas sortie de l'infirmerie. On fit une neuvaine au vénérable Labre. Le mal ne fit d'abord qu'augmenter : le huitième jour, la malade était si faible que le médecin n'osa pas la saigner, quoiqu'il crût cette opération nécessaire ; le lendemain, après la clôture de la neuvaine, la religieuse se leva seule, et descendit au chœur ; elle fit maigre les jours d'abstinence qui suivirent immédiatement sa guérison, et depuis lors suivit exactement la règle.

Le 15 octobre, une dame Leclerc, à Paris, est guérie d'une hydropisie de poitrine par l'application de l'image du vénérable sur l'estomac.

Madame Fournier, de Saint-Germain-en-Laye, était percluse et attaquée de plusieurs graves infirmités depuis neuf ans, quand on vint à parler devant elle des grâces accordées à l'intercession de Labre. Elle admira cette nouvelle manifestation de la toute-puissance

dé Dieu, mais répondit à ses amies qui l'enga-
geaient à avoir recours au vénérable : « Y pen-
« sez-vous ?... à soixante-huit ans !... c'est l'âge
« de mourir et non de guérir. Quand j'obtien-
« drais ma guérison, je n'en serais pas moins
« âgée, hors d'état d'être utile à personne ;
« non, je ne demanderai pas un miracle qui
« ne servirait à rien. » Elle changea d'avis cependant, et au mois de novembre, elle fit une
neuvaine qui ne lui obtint qu'une grande confiance ; elle en commença une seconde au milieu de laquelle elle fut guérie. Après avoir
gardé la chambre pendant quelques jours par
pure obéissance, elle se rendit à pied à l'église,
au grand étonnement des voisins qui formaient
la haie pour la voir passer.

Les événements qui bouleversèrent l'Europe
à cette époque firent un moment oublier *le
pauvre des quarante heures*, mais en 1817 la
cause fut reprise, des miracles récents avaient
réveillé l'attention. Après une longue attente,
Grégoire XVI déclara, le 22 mai 1842, que Benoît-Joseph Labre a porté les vertus au degré
héroïque, et, le 2 juin 1859, le Souverain-Pontife
actuellement régnant, Pie IX, a déclaré solen-
nellement la béatification. C'est le 20 mai 1860,
le dimanche dans l'octave de l'Ascension, que
la cérémonie eut lieu dans la basilique de
Saint-Pierre. Le personnel de l'ambassade fran-
çaise, le général comte de Goyon et son état-
major témoignaient par leur présence que la
France, habituée à voir ses enfants décorés du
laurier des batailles, est fière aussi quand ils
ont aux mains les palmes de la sainteté ;
Mgr Parisis, évêque d'Arras et de Boulogne,
représentait le diocèse où est né le saint ; le
curé d'Amettes priait au nom de la paroisse
où il a vu le jour ; de proches parents venaient

admirer la gloire où l'humilité a fait monter
celui qui fait désormais l'honneur de leur famille.

30,000 vies du bienheureux Labre et 150,000
images à son effigie ont été distribuées.

Ses reliques seront transférées à l'église de la
Madonna-dei-Monti, là où pendant sa vie il aimait tant à prier.

Le diocèse d'Arras ne pouvait laisser Rome
glorifier seule le saint qu'il a vu naître, et un
triduum suivi d'une procession solennelle à laquelle assistaient plusieurs archevêques et évê-
ques a témoigné de la joie qu'éprouvent les
fidèles à voir un des leurs porté sur les autels.

N'oublions pas que cette gloire, le bienheureux Labre la doit à son amour pour la pauvreté, pour l'humilité, pour la pénitence, et
que si nous ne sommes point appelés à pratiquer ces vertus comme il l'a fait, nous ne pour-
rons aller le rejoindre dans le ciel sans les aimer et en faire le principe de notre conduite.

Depuis la béatification, plusieurs grâces ont
été obtenues par l'intercession de Benoit-Joseph
Labre : nous racontons ici deux guérisons très-
authentiques et qui ont fait grande sensation à
Rome :

« Un jeune enfant de treize ans, nommé
Alexandre Piccinini, demeurant rue de Borgo-
Vecchio, fut atteint d'une tumeur d'une nature
fort maligne au genou. La jambe s'enflamma
promptement, et le médecin qui le visitait déclara qu'il fallait pratiquer sur-le-champ une
opération, afin de dégager la jambe des hu-
meurs qui s'y accumulaient et qui mettaient
la vie de l'enfant en danger. L'enfant, à qui la
résolution du chirurgien fut communiquée, se
mit à conjurer l'éminent praticien de remettre
l'opération au lendemain, lui disant dans sa

foi naïve : *Je prierai tant le bon Dieu d'ici là, qu'il faudra bien qu'il me guérisse !* Touché par les pleurs de l'enfant, par les prières de la mère, le chirurgien se retira, disant que le lendemain il retournerait pratiquer les incisions qu'il différait à son grand déplaisir.

« Après le départ du chirurgien, le jeune malade, sa mère, ses jeunes sœurs se mirent en prière, afin d'obtenir de Dieu la guérison tant désirée. Une partie de la journée se passa ainsi sans qu'aucune amélioration se manifestât. On se désolait bien un peu, mais on priait toujours. Soudain une pieuse inspiration traverse l'esprit de la mère ; elle se souvient du bienheureux Labre, de la fête de sa béatification, qui doit avoir lieu le dimanche suivant. S'approchant alors de son fils : « Alexandre, lui dit-elle, nos prières sont trop peu de chose pour que Dieu les exauce ; adressons-nous au bienheureux Joseph Labre, dont on célébrera la fête dans quelques jours : demandons-lui de te guérir. Pauvre durant sa vie, il ne repoussera pas la prière de pauvres gens comme nous. » L'enfant, transporté, répond : « Oui, oui, prions le bienheureux Joseph ; c'est lui qui me guérira, j'en suis certain. »

« Une image du bienheureux est alors remise aux mains du malade. On allume une petite lampe devant une autre gravure du saint placée dans le lieu le plus décent de la maison, et la famille se met à prier de nouveau. Durant toute la journée, le jeune Alexandre tint l'image sur son lit, la baisant souvent avec dévotion et invoquant sans cesse le bienheureux.

« La nuit venue, le malade applique l'image sur le mal du genou et se fait bander la jambe par-dessus. La nuit fut bonne. Le lendemain matin, le chirurgien arrive pour l'opération. La mère pleure, la petite famille se désole. L'homme de l'art s'approche du lit, défait les linges qui entourent la jambe de l'enfant, trouve l'image sur le genou, l'enlève en souriant, puis pousse une exclamation de surprise. Il examine attentivement la jambe, et, se tournant ensuite vers la mère : « Consolez-vous, lui dit-il, il n'est plus besoin de faire l'opération à votre fils ; il s'est passé depuis hier un fait merveilleux. La jambe de votre enfant n'est pas guérie, mais celui qui a commencé sa guérison saura bien l'achever. » Là-dessus le médecin se retira.

« La mère ne voulait pas croire à tant de bonheur. On pleura de joie, on embrassa, avec les plus vifs transports de reconnaissance, l'image du bienheureux, on l'invoqua de nouveau, et l'enfant se frotta plusieurs fois la jambe avec de l'huile qui brûlait devant l'image de Joseph Labre. Le soir, il ne restait pas la plus légère trace de maladie, et la jambe, guérie, se présentait aussi saine que l'autre. L'enfant avait quitté le lit et se promenait librement dans la maison.

« Le praticien qui a visité l'enfant est le docteur Battistini, premier chirurgien du fameux hôpital du Saint-Esprit. Ce savant a déclaré qu'une pareille guérison ne pouvait s'expliquer que par un miracle, car toutes les ressources de la science médicale sont impuissantes à produire *instantanément* de pareils effets. Il est prêt à attester sa conviction à cet égard et à signer toutes les déclarations désirables.

« La seconde guérison miraculeuse est la suivante : Une nièce du curé de la paroisse de Notre-Dame-des-Monts, dans l'église de laquelle se trouve le tombeau du bienheureux Joseph Labre, était atteinte d'un cancer au sein. Tous les remèdes furent impuissants à arrêter le mal. Il fit tant de progrès que quatre ou cinq médecins appelés déclarèrent à l'unanimité qu'une prompte opération était la seule chance de salut qui restait pour sauver la vie à la malade.

· « Le curé della Madonna-dei-Monti, homme d'une grande piété, dit alors à sa nièce : « Mon enfant, les remèdes humains sont désormais impuissants pour te guérir ; avant de recourir à une opération des plus délicates et qui offre tant de dangers, tournons-nous vers celui qui commande à la vie et à la mort, et demandons-lui de vouloir bien te guérir, si cela est dans l'ordre de sa volonté. Prenons pour intercesseur près de Dieu le bienheureux Joseph Labre, dont le corps repose dans notre église et dont on vient de célébrer la béatification : invoquons-le avec confiance. J'ai le bonheur de posséder la petite écuelle de bois qui servait au saint pour aller recueillir la soupe à la porte des couvents, servons-nous-en. Dieu se plaît souvent à manifester la gloire de ses élus par les vertus secrètes qu'il attache aux objets qui leur ont appartenu ici-bas.

« Le conseil du bon prêtre fut accueilli avec joie et bonheur. On mit l'écuelle sur la partie malade et on banda par dessus. Durant le reste de la journée, la malade et ses parents invoquèrent souvent le bienheureux Joseph. Le lendemain matin, on visita le mal, on enleva la petite écuelle de bois. O prodige ! le cancer était complétement disparu ; il n'en restait aucune trace.

« Les médecins appelés déclarèrent, après un examen des plus minutieux, que la malade était radicalement guérie, et que cette guérison était vraiment surnaturelle. En foi de quoi ils rédigèrent et signèrent un procès-verbal. »

Nous pensons que le lecteur aimera à trouver en terminant cet opuscule quelques passages du bref apostolique publié pour la béatification de notre Bienheureux :

PIE IX

pour en perpétuer éternellement la mémoire.

. . . . Ainsi celui qui a vaincu et renversé le démon non pour la gloire, mais pour la croix, a déclaré manifestement à tous ceux qui veulent suivre ses pas, qu'ils doivent porter sans cesse la croix à son exemple, c'est-à-dire supporter avec calme et avec courage les misères de la vie, combattre les appétits déréglés, maîtriser les passions injustes, pardonner les injures, fouler aux pieds les richesses et les honneurs ; en un mot, comme dit l'apôtre : « Se crucifier eux-mêmes avec leurs vices et « leurs convoitises. »

Mais cette nouvelle et céleste doctrine, qui est l'abrégé non pas d'une vertu superficielle et vaine, mais de la véritable et de la solide perfection, offensa les Juifs, passa pour une folie aux yeux des Gentils, eux qui faisaient consister le bonheur en cela seul qui flattait les sens et satisfaisait les passions. Que si la philosophie, ennemie de la croix de Jésus-Christ, a eu de tout temps du crédit au détriment des âmes, elle exerce aujourd'hui ses ravages sur un terrain plus vaste et avec plus d'effronterie que jamais ; elle place le bien suprême dans les plaisirs des sens ; elle dégrade la nature humaine ; elle n'inspire rien de généreux, rien de grand, rien de sublime, et même, plus arrogante et plus fière, « elle résiste à toute puis-« sance, elle brave toute domination. » Il y a, en effet, il y a partout de ces hommes esquissés par l'apôtre, de ces hommes « impies, corrom-

« pus, qui ne respectent plus rien, qui repais-
« sent leurs passions, qui profanent leur corps,
« qui méprisent le pouvoir, qui blasphèment la
« majesté et tout ce qu'ils méconnaissent. » Et
de là viennent ces agitations continuelles qui
bouleversent la société comme les flots d'une
mer en courroux.

Or, pour flétrir une doctrine et une conduite
semblables, si éloignées de la sagesse chré-
tienne, si pernicieuses et pourtant si répandues
dans le monde, la Providence divine a suscité
de nos jours le vénérable Benoît-Joseph Labre.
Nourri dans les enseignements évangéliques, il
abandonna généreusement, pour suivre Jésus-
Christ, ses parents, ses proches, sa patrie, son
patrimoine et tout ce qui tient le plus au cœur
des hommes, embrassa un genre de vie d'une
rigueur extrême afin de fortifier l'esprit en rai-
son de l'affaiblissement de la chair, et de jouir
des joies éternelles qui faisaient l'unique objet
de ses sollicitudes et de ses désirs.

Le Saint-Père reproduit les principaux traits
de la vie que nous venons d'esquisser, et il
ajoute :

C'est pourquoi, touché des instances du
clergé romain, de Mgr l'Evêque d'Arras et des
fidèles de son diocèse, nous accordons par les
présentes la faculté d'appeler *bienheureux* le
vénérable serviteur de Dieu, Benoît-Joseph,
comme aussi d'exposer ses restes à la vénération des fidèles, sans toutefois les porter dans
les processions solennelles.....

Donné à Rome, sous l'anneau du pêcheur, le
20 septembre, la 14ᵉ année de notre pontificat.

Pour le † sceau.   V. CARDINAL MACCHI.

PRIÈRES

COMPOSÉES PAR LE B. BENOIT-JOSEPH LABRE

ET QU'IL RÉCITAIT TOUS LES JOURS.

LE MATIN.

Dieu, créateur du ciel et de la terre, mon aimable Sauveur, je vous remercie de l'amour immense que vous avez eu non-seulement pour moi, mais pour tout le monde. Je vous aime par-dessus toutes choses, et je veux vous aimer toute cette journée, ainsi que tous les instants de ma vie. Je vous prie de m'aider à faire votre sainte volonté, et je vous prie continuellement pour tous les infidèles et les pécheurs; je veux vous prier toute cette journée pour eux, afin que vous daigniez les éclairer et les faire rentrer dans votre grâce. Je veux encore gagner les indulgences que je peux obtenir pour délivrer les âmes du purgatoire; enfin, ayez pitié des infidèles et des pécheurs. Accordez-moi, ô mon Dieu, votre amour; imprimez dans mon cœur les marques de votre cruelle Passion. Je vous aime, mon divin Jésus, et je vous donne mon cœur.

Sainte Vierge, préservez-moi dans ce jour, et dans tous ceux de ma vie, de tout péché, afin que je ne perde point l'amour de mon Dieu, que je veux aimer tous les jours et tous les moments de ma vie; je vous rends grâces, Vierge sainte, au nom de tous les fidèles, du grand amour que vous leur portez, je vous remercie encore pour tous les fidèles et les pécheurs, aidez-les, assistez-les, afin qu'ils retournent à leur aimable Dieu. Soyez le secours de tous dans cette journée et toujours.

LE SOIR.

Mon Dieu, parce que vous êtes la souveraine bonté, je me repens de tout mon cœur de vous avoir offensé, vous qui êtes mon souverain bien, je fais pour l'amour de vous la sincère résolution, le ferme propos de mourir plutôt mille fois que de pécher.

Mon doux Jésus! je vous remets mon âme, et je vous remercie d'avoir eu pitié de moi pendant cette journée, je veux vous aimer toujours et continuellement durant cette nuit; quoique je dorme, je remets mon âme entre vos mains; je vous recommande les âmes du purgatoire, aidez-les, éclairez tous ceux qui vivent sous les ombres de la mort, soit les infidèles, soit les pécheurs, je vous prie pour eux; je vous rends grâces à tous moments, mon divin Jésus, de ce que vous m'avez conservé la vie, afin que je vous aimasse toujours; je veux de tout mon cœur reposer dans votre sainte grâce; ce cœur que vous m'avez donné, où puis-je le mieux placer que dans le vôtre? c'est là que je le dépose. Ô mon doux Jésus! c'est là que je veux habiter et que je vais prendre mon repos. »

Sainte Vierge, je vous remercie de tous les biens que vous m'avez procurés; je vous recommande les âmes du Purgatoire; quoique je dorme, je veux vous aimer et vous remercier pour les infidèles et les pécheurs; aidez-les afin qu'ils rentrent en grâce devant votre divin Fils; enfin, je vous recommande mon âme et la remets entre vos mains: c'est sous votre protection, Vierge sainte, que je me propose de dormir.